Die bibliophilen Taschenbücher

Ota Filip   *Mein Prag*

Ota Filip

MEIN PRAG

Fotografiert
von Michael Schilhansl

Harenberg Edition

Harenberg Edition
Die bibliophilen Taschenbücher 657
© Harenberg Kommunikation, Dortmund 1992
Alle Rechte vorbehalten
Gesamtherstellung Druckerei Hitzegrad, Dortmund
Printed in Germany

PRAGS GESCHICHTE,
PRAGS GESCHICHTEN
UND LEGENDEN

Ich bitte den Leser, das Leitmotiv der Prager und der Geschichte Böhmens wenigstens bei der Lektüre dieses Buches zu akzeptieren: Die große Geschichte Prags ist in den meisten Fällen blutrünstig, sehr oft ist sie so peinlich, daß jede Generation sich gezwungen fühlte, sie umzulügen und nach den Bedürfnissen der Zeit und nach den Wünschen der Mächtigen zurechtzubiegen. Zugleich aber hat sie Charme, Witz und lyrischen Zauber. Franz Kafka beschrieb einmal Prag als «Mütterchen mit Krallen», und jeder schreibende Tscheche, der sich bei Kafka ein wenig auskennt, wiederholt Kafkas Worte über Prag immer wieder und fast bei jeder, auch unpassenden Gelegenheit so oft, daß ich sie, ebenso wie das Wort «kafkaesk», schon nicht mehr hören mag. Jeder Prager Literat, der auf sich hält, gibt sich natürlich ein wenig (in manchen Fällen auch ziemlich stark) «kafkaesk», denn das «Kafkaeske» verkauft sich gut.

Keine andere Stadt hat in den vergangenen tausend Jahren wohl so viele religiöse, politische und machtpolitische, chauvinistische und ideologische Pferdekuren über sich ergehen lassen müssen wie die «Goldene Stadt» an der Moldau. Prags Geschichte ist, öfter als den Pragern angenehm, die Geschichte ihrer vorwiegend hausgemachten Irrtümer oder boshaften Mißgeschicke, durchsetzt mit Witz und Poesie oder nur plump und dumm gelogenen Legenden; oder sie ist, und das wiederum ist Prags Glücksfall, eine großartige Literatur, ein wenig Märchen und ein wenig Theater.

Der Anfang der Geschichte Prags liegt, historisch gesehen und für den Erzähler günstig, in der Finsternis des frühen Mittelalters. Diese Tatsache eröffnet ihm die Chance, die Geschichte so zu behandeln, wie sie es verdient: Ohne allzu großen, genauer gesagt die Phantasie verdrängenden Respekt vor den historischen, meistens sehr zweifelhaften Tatsachen. Nehmen wir als erstes Beispiel Libuše: Nach der Legende die erste tschechische Fürstin, die einen gewissen Přemysl, den Ackermann, geheiratet und somit die Dynastie der böhmischen Fürsten und Könige aus dem Geschlecht der Přemysliden – und nebenbei auch Prag – gegründet haben soll. Der Chronist Cosmas weiß im 12. Jahrhundert in seiner «Chronica Boemorum» über Libuše zwar nicht viel zu erzählen, was historisch belegbar wäre, dennoch lesen wir bei Cosmas eine schöne Geschichte: Kaum im Moldaubecken zwischen dem Wyšehrad-Felsen, dem buckligen Laurenziberg (tschechisch klingt sein Name viel schöner: Petřín) und dem Hügel, auf dem später die Prager Burg erbaut wurde, angekommen, verfiel Libuše in ein, literarisch gesehen, echt böhmisches lyrisches Schwärmen, das auch die Mehrzahl der späteren tschechischen Dichter auszeichnet. Sie soll beim Blick auf die Moldau und auf die rauhe Wildnis prophezeit haben: «In dieser Stadt werden einmal zwei goldene Ölbäume wachsen, welche mit ihrem Gipfel bis in den siebenten Himmel reichen und in der ganzen Welt durch Zeichen und Wunder glänzen werden.»

Und nun kommen die Probleme mit den tschechischen Vornamen auf mich zu: Ich werde in meinem Text lieber die tschechische Form verwenden, denn *Friedrich* Smetana oder *Anton* Dvořák beispielsweise klingt für tschechische Ohren unmöglich. Außerdem: Keinem Tschechen würde es einfallen, statt Franz *František* Kafka oder *František* Werfel und umgekehrt statt Friedrich Schiller *Bedřich* Schiller zu sagen und zu schreiben. Also: Nicht in Friedrich, sondern in Bedřich Smetanas Oper «Libuše» gerät die historisch nicht belegbare Fürstin in eine noch stärkere Ekstase als bei Cosmas und prophezeit der Stadt nicht nur zwei goldene Ölbäume – Ölbäume in Prag sind ein Unsinn, denn sie kommen in der Flora des Moldaubeckens nicht vor –, sondern darüber hinaus einen «Ruhm, der bis zu den Sternen reichen wird». Sie sieht zudem ganz deutlich einige Gestalten aus der zukünftigen Geschichte des tschechischen Volkes, so zum Beispiel den «böhmischen Achilles», Fürst Břetislav, und König Přemysl Otakar II., der in seiner Zeit, also zwischen 1247 und 1278, nicht nur in Böhmen, sondern auch in Österreich, in Kärnten und der Steiermark herrschte, ja sogar nach der Kaiserkrone greifen wollte. Das wurde ihm zum Verhängnis: Im Kampf gegen den Habsburger Rudolf I. am 26. August 1278 auf dem Mährischen Feld wurde König Přemysl Otakar II. getötet. Im letzten Akt der Oper «Libuše» sieht die Fürstin auch Karl IV., den böhmischen König Jiří von Poděbrad und – aus Gründen, die mir unbegreiflich sind – auch den Grafen Jaroslav von Šternberk, den vermeintlichen, historisch allerdings nicht belegbaren Heerführer und Sieger über die Tataren im Jahr 1240 vor den Toren der Stadt Olmütz. Also: In Smetanas Oper ist die Libuše, soweit sie die tschechische Geschichte prophezeite, eindeutig zu sehr ins Schwärmen geraten. Kein Wunder: Das deutsche Libretto zu «Libuše», der feierlichsten und patriotischsten Oper der Tschechen, schrieb Josef Wenzig, ein böhmischer Patriot deutscher Muttersprache. Ja, auch das gab es im Prag des 19. Jahrhunderts! Wenzig hätte «Libuše» lieber in Tschechisch geschrieben, wagte es aber nicht, da er der tschechischen literarisch-lyrischen Sprache nicht ausreichend mächtig war. Um dennoch sein Tschechentum zu beweisen, dichtete er Libušes Prophezeiung im dritten Akt ganz im Sinn der tschechischen Patrioten und Panslawisten zusammen. Der deutsche Text der «Libuše» wurde von Ervín Špindler nachträglich ins Tschechische übersetzt. Offen gesagt: Auf deutsch klingt «Libuše» noch pathetischer als in der tschechischen Übersetzung. Bedřich Smetana wäre besser beraten gewesen, hätte er als Vorlage für seine Oper Grillparzers Drama «Libussa» verwendet – aber das war ihm unmöglich: Die Prager Patrioten hätten es ihm nie verziehen, denn Grillparzer war Österreicher.

ie Geschichte Prags und des böhmischen Königreiches begann wie eine jede europäische Geschichte auf eine wenig christliche oder auch nur vornehme Art und Weise. Ein Beispiel: Einmal, das ist schon über 40 Jahre her, stand ich auf der Karlsbrücke, dieser steinernen Allee von falschen und echten Heiligen. Ich lehnte meinen Hinterkopf gegen den Sockel der Statue der Ludmila, meiner verehrten Heiligen, und sprach ein fast schon heidnisches Gebet, das ich bis heute nicht vergessen und in meinem Roman über Prag und das Café Slavia verwendet habe: «Heilige Ludmila, man hat dich 921 hier in Prag erwürgt. Politisch betrachtet gab es für deine Verwandte Drahomíra keine andere Möglichkeit, denn du bist ihr eben im Weg gestanden. Drahomíra verfolgte nämlich andere politische Ziele als du, und das ist in jeder Zeit in Böhmen lebensgefährlich gewesen. Oh, wenn man allen, die in Prag im Namen Gottes oder aus irgendwelchen anderen überzeugenden Gründen erschossen, erwürgt, gehängt, geköpft, verbrannt oder wie dein Nachbar auf der Karlsbrücke, der heilige Jan von Nepomuk, in der Moldau ertränkt wurden, eine Statue errichten sollte, wäre die Stadt zu klein, um die zu Unrecht Ermordeten aufzunehmen. Ja, liebe Ludmila, man hat dich nachträglich heiliggesprochen, deine Mörderin gebar den Fürsten Václav, auch einen Heiligen. So hat man diesen blutrünstigen Teil der Prager Geschichte geregelt: Die Mörder und ihre Opfer sind in Legenden eingegangen und leben in der permanent verfälschten Geschichte der Stadt und des Landes friedlich nebeneinander.»

Ende des 9. Jahrhunderts war in Böhmen der erste blutige Machtkampf entschieden: Den Přemysliden gelang es, das Geschlecht der Slawiken auszurotten; der Weg zur vierhundertjährigen Herrschaft der Přemysliden war frei. Immer wieder wird in der tschechischen Literatur der angeblich arabische Kaufmann Ibrahim Ibn Jakub, in Wahrheit ein gebildeter Jude aus Córdoba, zitiert, der 965 über seine Reise nach Böhmen erzählte und dabei wohl mächtig übertrieben hat: «Die Stadt Prag ist aus Stein und Kalk gebaut und ist die größte Handelsstadt.» In der Zeit, als dieser erste vermeintliche Araber Prag besuchte, mußten sich Prag und Böhmen endgültig dem deutschen Reich anschließen. Im Jahr 973 gelang es Boleslav II., die lange verweigerte Zustimmung des deutschen Kaisers zur Gründung eines Bistums zu gewinnen. Als erster Bischof von Prag wurde kein Tscheche, sondern der Sachse Dietmar bestellt. Tschechen waren als Erzbischöfe von Prag bis 1918 eher eine Ausnahme ... Dietmars Nachfolger wurde der spätere Heilige Adalbert. Mit seinen Prager Christen muß Adalbert oft Kummer gehabt haben, denn er wurde wiederholt gezwungen, aus Prag zu fliehen, und starb in Polen den Tod eines Märtyrers. Ein weiterer Přemyslide, Herzog Wratislav II., blieb im Investiturstreit dem deutschen Kaiser Heinrich IV. treu ergeben und wurde dafür auf der Synode zu Mainz im Jahr 1085, allerdings nur auf Lebenszeit, mit dem Titel eines Königs von Böhmen belohnt. Zum wirklichen böhmischen König mit Recht auf Erbfolge bestellte Kaiser Friedrich II. erst 1253 Přemysl II. Die Herrschaft der Přemysliden ging 1306 mit der Ermordung König Václavs III. so zu Ende, wie sie begonnen hatte: Mit einem gewalttätigen Tod. Die Geschichte hat ihre eigene, unerbittliche Logik; sie ist nicht barmherzig, sie verzeiht nichts.

Wie gleichgültig den Přemysliden die Frage des nationalen Charakters ihres Staates war, zeigt die ausgedehnte deutsche

Kolonisierung des Landes, die auf die Initiative der böhmischen Herrscher hin während des ganzen 12. und 13. Jahrhunderts stattfand. Die neuen deutschen Siedlungen entstanden meist auf der grünen Wiese, wenn jedoch der deutschen Kolonisierung eine ursprünglich tschechische Besiedlung im Wege stand, wurde sie ganz einfach liquidiert: Die Tschechen wurden von ihrem eigenen Fürsten oder König vertrieben. So ließ ein Přemyslide die tschechischen Bewohner der Prager Kleinseite vertreiben, um dort, direkt unter der Prager Burg, die deutschen Kolonisten ansiedeln zu können. Gewalttätige Vertreibungen und Konfiskationen von Hab und Gut haben in Böhmen eine jahrhundertelange Tradition.

ie Tschechen fühlen sich heute noch unangenehm berührt, wenn festgestellt wird: Die mittelalterliche städtische Zivilisation haben Deutsche nach Prag und nach Böhmen gebracht. Aber: Die Deutschen haben diese Zivilisation nicht erfunden, sie waren nur ein vermittelndes Glied in dem mächtigen Kulturstrom, der über Jahrhunderte von Südwesten und aus dem Mittelmeerraum in den Nordosten des europäischen Kontinents und somit auch nach Prag floß. Unter diesem Aspekt muß heute auch der König und Kaiser Karl IV. gesehen werden. Er war zwar nach seiner Mutter ein Přemyslide, also teilweise ein Tscheche, aber seine Erziehung und Bildung war französisch, deutsch und italienisch. Eine seiner vier Frauen war Französin, eine Polin und zwei Deutsche. Wenn die Prager Klatschlegende stimmt, dann hat sich Karl IV. nachts von seinen anstrengenden Herrscherpflichten nicht bei seinen Frauen, sondern bei einigen schönen Prager Damen erholt. Der Prager Historiker Jaromír Složil hat recht, wenn er behauptet, es wäre wohl am besten, Karl IV. als einen mittelalterlichen Europäer zu bezeichnen. In den älteren Geschichten Böhmens trug Karl IV. den Beinamen «Vater der Heimat» oder, genauer übersetzt, «Vater des Volkes»; in der deutschen Geschichte heißt er hin und wieder auch «Stiefvater des Vaterlandes», weil er als deutscher Kaiser angeblich wegen Böhmen die Angelegenheiten des Reiches vernachlässigte. Im Jahr 1348 gründete Karl IV. die Prager Universität. Sie war nicht nur in ihrer Unterrichtsauffassung universal, sondern auch offen für alle Bewohner des Reiches. Deshalb war sie aber noch nicht die «älteste deutsche Universität», wie die nationalistischen deutschen Historiker behaupteten, aber sie war ebensowenig eine «tschechische» Universität. Als sich das böhmische Volk im Jahr 1409 unter der Führung des Reformers Jan Hus in der Selbstverwaltung der Universität drei Stimmen erwirkte, während den anderen «Universitätsvölkern» nur eine blieb, war das kein Sieg der tschechischen Magister und Studenten, sondern ein Sieg all derjenigen Universitätsangehörigen, die aus den Ländern der böhmischen Krone stammten, also nicht nur der Tschechen und der Mähren. Der Abzug der deutschen Magister und Studenten nach Leipzig aus Protest gegen diese Entscheidung stärkte allerdings die tschechischen Positionen. Ob es für die Prager Universität vorteilhaft war, ist sehr fraglich. Den Leipzigern hat der Streit an der Prager Universität aber nur genutzt; sie haben mit Hilfe der Prager Fachkräfte schließlich früher als viele andere – und damals größere – deutsche Städte eine Universität gründen können.

in Problem stellt auch die Prager gotische und barocke Kunst und Architektur dar. Sie ist nämlich weder tschechisch noch deutsch, sondern europäisch. Der Deutsche Peter Parler, tschechisch Petr Parléř, war einer der wichtigsten Architekten Prags. Von Karl IV. in die Stadt geholt, leitete Parler seit 1353 den Bau des St.-Veit-Domes auf der Prager Burg und baute auch die heutige Karlsbrücke. Mathias von Arras, der erste Architekt der St.-Veits-Kathedrale, war Franzose, Benedikt Ried, der Erbauer des berühmten Vladislav-Saales auf der Prager Burg, in dem Böhmens Könige und alle tschechoslowakischen Präsidenten, Václav Havel nicht ausgenommen, gewählt wurden, bekam zwar in tschechischen Wörterbüchern den tschechischen Namen Beneš Rejt z Pístova, war aber ein böhmischer Deutscher. Matěj Rejsek z Prostějova, der unter anderem auch die Fassade des Prager Pulverturms schmückte, scheint ein Tscheche, genauer gesagt ein Mähre, gewesen zu sein. Welcher Nationalität sich der Meister von Wittingau oder die anonymen Autoren der Madonnen des «Schönen Stils» zugehörig fühlten, kann nicht mehr mit Sicherheit behauptet werden. Vater und Sohn Dientzenhofer jedenfalls, die im 17. und 18. Jahrhundert in Prag und in Böhmen die schönsten barocken Kirchen bauten, kamen aus dem benachbarten Bayern.

Die pseudomarxistische, patriotisch gefärbte Geschichtsschreibung, die von 1948 bis 1989 die tschechische Geschichte

nach den Regeln des historischen Materialismus neu zu inter-
pretieren und zurechtzubiegen versuchte, tröstete das tschechische Volk, und vor allem sich selbst, mit der ohne Zweifel
glaubhaften Feststellung, daß am Bau der für Prag charakteri-
stischen gotischen und barocken Kirchen und Paläste sicher-
lich auch tschechische Steinmetze beteiligt waren. Für die
Marxisten war der Gedanke fast unerträglich, daß die aller-
schönsten Bauten in Prag nicht vom sozusagen revolutionären
Volk entworfen und gebaut worden waren, sondern von kos-
mopolitisch veranlagten, dazu noch gläubigen katholischen
Künstlern aus ganz Europa, die darüber hinaus von den Feu-
dalherren und der katholischen Kirche gefördert und bezahlt
wurden. Der einzige Bau in Prag, den man als einen Zeugen
oder ein architektonisches Ergebnis der tschechischen Volks-
erhebung unter dem Reformator Jan Hus betrachten kann, die
Hus-Kapelle, ist eine erst in den 50er Jahren des 20. Jahrhunderts errichtete Fälschung.

D ie wunden Punkte der tschechischen Geschichte und
des tschechisch-deutschen Zusammenlebens in Prag
und in Böhmen sind immer noch der Aufstand der
böhmischen Stände gegen die Habsburger, der Dreißigjährige
Krieg und vor allem die nach 1627 und nach 1648 im Zuge der
Rekatholisierung des Landes nicht sanft und nicht mit Rück-
sicht auf die Tschechen betriebene Germanisierung Prags und
der Länder der böhmischen Krone. Wir Tschechen neigen
dazu, den Aufstand der böhmischen Stände und den Prager
Fenstersturz im Jahre 1618 als eine rein tschechische Angele-

genheit zu schildern. In Wirklichkeit handelte es sich damals um einen unvermeidbaren Konflikt zwischen der bisherigen Ständemonarchie und dem absoluten Machtanspruch der Monarchie, in Böhmens Fall der Habsburger, um einen Prozeß also, dem früher oder später alle europäischen Völker ausgesetzt waren. In Böhmen und in Mähren ging es zusätzlich um die Glaubensfreiheit, die sich die böhmischen Stände 1602 von Kaiser Rudolf erzwangen und die Ferdinand II. keine 20 Jahre später nicht mehr zu respektieren gedachte. Aber: Der Prager Fenstersturz, der Böhmische Aufstand gegen die Habsburger, war nicht nur eine tschechische Angelegenheit. Unter den Aufständischen waren beide Nationalitäten, Tschechen und Deutsche, vertreten, und beide trugen daher auch die tragischen Folgen der verlorenen Schlacht auf dem Weißen Berg vor den Toren Prags am 8. November 1920.

Über die Exekution der Führer des Aufstandes am Altstädter Ring im Jahr 1621, die von tschechischer Seite als die «Hinrichtung von 27 tschechischen Herren» bezeichnet wird, bemerkte die Geschichtsschreibung zutreffend: «Insofern die Hingerichteten Tschechen waren, waren es keine Herren, also keine Adeligen, und wenn es Herren waren, dann waren es keine Tschechen, sondern Deutsche.»

Die Stelle vor dem Rathaus am Altstädter Ring, wo diese 27 «tschechischen Herren» grausam hingerichtet wurden, ist heute mit 27 weißen Kreuzen gekennzeichnet. Es lohnt sich in jedem Fall, die Tafel aus Bronze an der Wand des Rathauses mit den – tschechisierten – Namen der hingerichteten deutschen Herren zu lesen.

Der Sieg der absoluten Monarchie wurde im Jahr 1627 mit einer neuen Landesverfassung besiegelt, die den Ständen im wesentlichen überhaupt keine Macht ließ. Die deutsche Sprache wurde der tschechischen gleichgestellt. Aber schon der Text der sogenannten «Erneuerten Landesordnung» war nur in deutscher Sprache verfaßt und erlaubte keinen Zweifel daran, wie es in der Zukunft mit der «Gleichstellung» der beiden Landessprachen von Wien aus bestellt sein würde.

Die Zahl der nach der Hinrichtung auf dem Altstädter Ring enteigneten und aus dem Land vertriebenen protestantischen böhmischen Herren konnte bis heute nicht genau festgestellt werden. Eines aber ist sicher: Das tschechische Volk hat nach dem Ende des Dreißigjährigen Krieges seine geistigen Eliten verloren. Der Westfälische Frieden von 1648 war für den Rest der tschechischen Emigranten eine Katastrophe und das endgültige Aus der Hoffnung auf eine Rückkehr nach Hause. Der bedeutendste tschechische Emigrant, Jan Amos Komenský, war so verzweifelt, daß er noch 1665 Kontakte mit den Türken in Ungarn anknüpfte, um sie für den Kampf gegen Wien und die Habsburger zu gewinnen – und das nach dem ersten großen Krieg der Türken gegen den Kaiser und nach der Erfahrung des Dreißigjährigen Krieges mit seinen verheerenden Folgen. So schmerzlich war die tschechische Demütigung gewesen, daß auch ein so großer Humanist wie Komenský bereit war, sich mit Türken zu verbinden, nur um Wien und die Habsburger zu stürzen.

Und wie stand es mit der deutschen Sprache und Literatur in Prag? In dieser Hinsicht können wir uns auf die Ausführungen des Germanisten der Prager Karlsuniversität, Prof. Dr. Emil Skála, verlassen, der 1991 einen Vortrag über «Das Prager Deutsch» hielt.

Die faktischen Anfänge des gesprochenen, allerdings nicht überlieferten Prager Deutsch sind im 12. Jahrhundert zu suchen. Die deutsche Minderheit wuchs im 12. und vor allem im 13. Jahrhundert in der Prager Altstadt und auf der Kleinseite; der Prager Stadtrat war zu Beginn des 14. Jahrhunderts deutsch. Prag war schon im 13. Jahrhundert eine zweisprachige Stadt. Im 15. Jahrhundert kam es auch in Prag zu heftigen Auseinandersetzungen mit den Hussiten; die deutschen Patrizier waren vorwiegend katholisch, die Mehrzahl der Tschechen bekannte sich zum Hussitentum. Im 15. Jahrhundert brach die deutsche Tradition in den südböhmischen und in den Prager Kanzleien ab; die Stadt- und Gemeindeverwaltungen gingen in die Hände von tschechischen, vom Hussitentum geprägten Stadträten und Bürgermeistern über. In Prag bahnte sich diese Entwicklung bereits ab 1380 an. Um diese Zeit übernahm in der Schrift- und Verwaltungssprache das Tschechische die führende Rolle; in Prag wurde vorwiegend tschechisch gesprochen und geschrieben. Die Zusammensetzung der Bevölkerung blieb weiterhin gemischt – Prag ist aber nie eine deutsche Stadt gewesen.

Diese erste zweisprachige Epoche endete etwa in der Hussitenzeit. Nach 1415 wurde die deutsche Sprache von den Hussiten aus Prag verdrängt, und die Stadt war bis 1526, als die

Habsburger auch böhmische Könige wurden, eine tschechisch sprechende Stadt. In der zweiten Epoche von 1526 bis 1620 setzte sich allmählich wieder die Zweisprachigkeit durch. Die in Prag aufgenommenen deutsch sprechenden Bürger kamen vorwiegend aus Sachsen. Im 16. Jahrhundert war die Prager Stadtverwaltung in tschechischen Händen; die Deutschen, überwiegend Protestanten, waren Handwerker und Dienstleute. Das erleichterte ihre Aufnahme in der Stadt, denn die Prager Tschechen waren im 16. Jahrhundert Utraquisten. Den protestantischen Deutschen, die sich in Prag niederlassen wollten, stellten sie nur eine Bedingung: Innerhalb einer Frist mußten die neuen Zuwanderer deutscher Sprache das Tschechische erlernen.

Nach der Schlacht am Weißen Berg 1620 trat das Prager Deutsch in eine neue Phase: Das Tschechische wurde als die Sprache der Ketzer im amtlichen Verkehr verboten. Auch die Verbindung der Prager Hussiten mit dem protestantischen Deutschland wurde unterbunden. Also wurden die Verhältnisse im katholischen Wien auch für das Prager Deutsch zum alleinigen Vorbild. Die breite Schicht der tschechischen, vom Hussitismus geprägten Bildungsbürger und der Adel mußten emigrieren. Ihre Stellen in der Prager Gesellschaft, in Kultur, Politik und in der katholischen Kirche – und es gab nur sie, alle anderen Konfessionen hatte man verboten – nahmen neben den Spaniern und Italienern überwiegend Deutsche aus dem katholischen Süddeutschland und aus Österreich ein; jeder, der wirklich gesellschaftlich aufsteigen wollte, mußte in Prag Deutsch sprechen.

Im Jahr 1665 denunzierte der «österreichisierte» tschechische Graf Franz von Vrbna den tschechischen Adeligen Lobkowicz beim Kaiser in Wien: «Ich bezweifle, daß Václav von Lobkowicz Oberster Hofmeister werden kann, da er doch Tscheche ist, also mit einer Todsünde behaftet.»

Zu Beginn des 19. Jahrhunderts war die Lage für die Tschechen auch in Prag ziemlich schlimm: Es gab keine tschechische Intelligenz, die Tschechen und Mährer zählten zu den armen oder kleinen Leuten, die Deutschen sahen sich in ganz Böhmen und Mähren und auch in Prag als das Herrenvolk. Und in der Tat: Sie waren es auch. Ein harmonisches Zusammenleben zwischen Tschechen und Deutschen unter der gütigen Herrschaft der Habsburger gibt es in Prag erst heute, allerdings nur in den Vorstellungen von einigen nostalgisch gestimmten, noch heute «kaisertreuen» Österreichern und Tschechen. Die Tatsache, daß sich die – im Zuge der seit 1627 eingeleiteten Germanisierung des Böhmischen Königreiches verkommene – tschechische Sprache in der ersten Hälfte des 19. Jahrhunderts erneuern konnte, daß das tschechische Volk damals eine fast wunderbare nationale Wiedergeburt erlebte, war das Ergebnis eines harten Kultur- und Machtkampfes gegen die vom Pangermanismus begeisterten Deutsch-Österreicher und gegen Wien. Die ein wenig verbitterte und ein wenig wehmütig-nostalgische Legende, die wir heute über den Zerfall der Habsburgermonarchie zu lesen und zu hören bekommen, entspricht nicht der Wahrheit: Den Zerfall der Österreichisch-Ungarischen Monarchie im Jahr

1918 haben nicht die Tschechen verschuldet oder sogar initiiert, sondern die Habsburger selbst. Die Monarchie und die Habsburger waren erschöpft und am Ende, sie hatten für die Gegenwart wie für die Zukunft keine Ideen mehr. Die Monarchie ging nicht an den Tschechen, sondern an ihrer eigenen Unfähigkeit, sich zu erneuern, zugrunde. Eines ist allerdings richtig: Die tschechischen Soldaten in den Uniformen der k. u. k. Armee hatten zwischen 1914 und 1918 keine Lust, für «Kaiser und Vaterland» zu krepieren. Das 28. Prager Regiment lief bei der ersten Feindberührung mit wehenden Fahnen und Musik zu den Russen über. Alle weiteren, wichtigen Einzelheiten über das Verhältnis der Prager zum Kaiser und zu Österreich sind in Jaroslav Hašeks berühmtem Roman «Der brave Soldat Schwejk» nachzulesen.

In der vierten Phase nun, die mit dem 19. Jahrhundert begann, geschah mit dem Prager Deutsch etwas ganz Besonderes: Die rasche Industrialisierung Prags, der Bedarf an Arbeitskräften, der ausschließlich durch den Zuzug tschechischer Landbevölkerung gedeckt wurde, vertiefte die Insellage der Deutschen und der deutschen Sprache in Prag. In der Stadt entstanden im 19. Jahrhundert sozial bedingte Jargons, wie zum Beispiel das «Kucheldeutsch», das «Kucheldeutsch» und das «Mauscheldeutsch». Das «Kucheldeutsch», ein Deutsch mit tschechischen phonetischen Elementen, mit tschechischen Lehnwörtern und vom Tschechischen beeinflußter Syntax, war die Sprache der Tschechen, die als Angestellte oder Bedienstete bei den Deutschen oder bei den in der

Mehrzahl Deutsch sprechenden Prager Juden täglich mit der deutschen Sprache in Berührung kamen und gezwungen wurden, sich mit ihren Arbeitgebern irgendwie zu verständigen. In der ersten Hälfte des 19. Jahrhunderts wurde im Prager Ghetto noch Jiddisch gesprochen; das «Mauscheldeutsch» war ein Gemisch der deutschen Schriftsprache mit dem Jiddischen der Prager Juden.

Im vorigen Jahrhundert und eigentlich bis 1939 galt das Prager Deutsch als das beste Deutsch innerhalb der österreichisch-ungarischen Monarchie und außerhalb des Deutschen Sprachraumes. In den 50er und 60er Jahren des 19. Jahrhunderts legten die Prager Deutschen viel Wert auf die «Reinheit» ihrer «besten» deutschen Aussprache. Dies geschah eigentlich in Unkenntnis des deutschen Lautwesens der damaligen Zeit, oder weil sie, die wirklich feinen deutschen Damen und vornehmen deutschen Herren, die Am Graben ihr Corso hatten, sich nicht der allgemeinüblichen Prager Sprechweise bedienten, sondern einer bewußt gewählten, durch die Schule und noch mehr durch das vorzügliche Prager deutsche Theater vermittelten Aussprache.

Typisch für das gesprochene Prager Deutsch war wohl die Auslassung des Pronomens, zum Beispiel in «Leben wohl», «Bleiben wohlauf», «Was meinen?», die Benutzung von «weder» statt «nicht einmal», von «schon nicht» anstelle von «nicht mehr». Die Prager Sprechweise ist in Gustav Meyrinks Erzählung «Tut sich, macht sich, Prinzeß» belegt: «Das ist doch Frau Syrovatka, die was Witwe ist.» Scharfsinnig kommentierte Egon Erwin Kisch: «Man geht in Prag *auf* ein Bier und *auf* ein

Nachtmahl, man ist *auf* eine Tasse geladen, man hat Geld *auf* eine Bluse bekommen. Der Fremde, der vermeinen würde, daß wir, Prager, Künstler seien, die *auf* Bier zu gehen vermögen, oder Verschwender, die ihr Abendbrot mit Füßen treten, würde sich täuschen. Unsere Kunst besteht bloß darin, die tschechische Präposition «na» – deutsch «auß» – auf falscher Stelle richtig zu übersetzen.»

Nach 1861, als ein tschechischer Stadtrat die Verwaltung von Prag übernahm, machte die deutschsprachige Bevölkerung der Stadt an der Moldau nur noch 4,5 Prozent aus. Im Jahr 1930 zählte Prag 848 000 Einwohner, davon waren 42 000 deutschsprachig. Von diesen 42 000 Einwohnern waren etwa 30 000 jüdischen Glaubens, die zwar Deutsch sprachen, jedoch eine selbständige Gruppe bildeten.

Was blieb nach 1945 von der großartigen, natürlich vorwiegend deutschsprachigen jüdischen Kultur in Prag zurück? Der alte jüdische Friedhof mitten in Prag mit seinen in vier Jahrhunderten künstlich aufgeschütteten 12 Erdschichten, mit ebenso vielen Gräberschichten und mit mehr als 12 000 Grabsteinen, ist heute – leider – eine Touristenattraktion; es blieben die Alt-Neue Synagoge, ein jüdisches Museum, mehr als 77 000 von den Nazis ermordete böhmische Juden und dann nur Geschichten, Legenden, Märchen und Erzählungen aus einer großen, mehr als tausendjährigen Geschichte des Prager Judentums.

nd Franz Kafka? Der wird in Prag inzwischen ganz geschickt vermarktet. Es wird nicht lange dauern, und westliche Touristen werden sich in Prag schicke T-Shirts mit der Aufschrift «I love Kafka» oder Wandteller mit Kafkas traurigem Gesicht kaufen können. Erst dann wird es in Prag richtig «kafkaesk».

Aber wenn Sie Kafkas Prag erleben wollen, dann besuchen Sie Franz Kafka auf dem jüdischen Teil des Friedhofs in Prag-Olšany. Hier werden Sie bestimmt keine oder nur wenige Touristen antreffen. Der neue jüdische Friedhof kann den Besuchern nämlich nicht wie der alte, von Touristen überlaufene in der Nähe der Pariser Straße das Grab des legendären Prager Rabbi Loewy bieten, der den berühmten Golem schuf (Gustav Meyrink schrieb 1915 über den Golem einen herrlichen Roman), auch keine Berühmtheiten aus der Geschichte des Prager Ghettos, sondern nur den schlichten Grabstein mit Franz Kafkas Namen, mit den Namen seiner Eltern und Schwestern, und dann die Stille zwischen den schwarzen, von wilden Holundersträuchen überwachsenen Marmorsteinen mit ihren goldenen, längst vergessenen Namen von einst ehrwürdigen jüdischen Familien aus Prag und Umgebung.

Die Geschichte wiederholt sich nicht, nicht einmal die Geschichte einer Literatur. Diese Regel trifft auch auf die Geschichte der großartigen deutschen oder deutschsprachigen Literatur in Prag zu. Ihre achthundertjährige Geschichte ist abgeschlossen und zu Ende. Das endgültige Aus der deutschen Sprache und Literatur in Prag kam aber nicht mit der Vertreibung der Deutschen aus der Tschechoslowakei in den Jahren

1945 und 1946, sondern bereits am 15. März 1939, als Hitlers Wehrmacht die Rest-Tschechoslowakei und Prag besetzte. Danach und bis 1945, als Prag der Sitz der sogenannten «Reichsprotektoren» und die Hauptstadt des «Protektorates Böhmen und Mähren» wurde, gab es in der «hunderttürmigen Stadt» keine deutsche Literatur mehr, sondern nur ein von Dr. Goebbels gesteuertes, propagandistisch mißbrauchtes deutsches Schrifttum. Die deutsche Sprache, die nach dem 15. März 1939 in Prag gesprochen und geschrieben wurde, war nicht mehr die Sprache eines Rainer Maria Rilke, Franz Werfel, Max Brod oder Franz Kafka, die Sprache der großen jüdischen Vermittler und Übersetzer tschechischer Literatur. Es war auch nicht mehr die Sprache von mehr als 10 000 deutschen Emigranten, die von 1933 bis 1939 in der Stadt an der Moldau Rettung vor den Nazis gesucht und auch gefunden haben. Es ist schon traurig, wenn heute festgestellt werden muß: Die Prager Deutschen, wohlhabende und gebildete Menschen, seit 800 Jahren in der Stadt, interessierten sich für die tschechische Kultur fast überhaupt nicht, ja, die Mehrzahl der Prager Deutschen bemühte sich nicht einmal mehr, ein wenig Tschechisch zu lernen.

Die Tatsache, daß über 10 000 Deutsche, die sich als die geistige Elite in der Stadt sahen und tatsächlich zur intellektuellen und wirtschaftlichen Oberschicht in Prag gehörten, am 16. März 1939 auf der Prager Burg Hitler stürmisch begrüßten, war aus heutiger Sicht eine der tragisch-ironischsten Inszenierungen, die in der ersten Hälfte des 20. Jahrhunderts von der großen Geschichte auf Europas Bühne aufgeführt wurde. Die Prager Deutschen wußten nicht, was sie taten: Sie jubelten Hitler und zugleich dem endgültigen Untergang und dem Ende ihrer Geschichte in der Stadt zu.

rag ist eine Stadt, die in dem vergangenen halben Jahrhundert mehrmals ihre Eliten verloren hat: 1939 verschwanden die Juden aus Prag, und Prag ohne Juden ist eben nicht mehr Prag. Die große Zeit des Café Arco, des literarischen Kaffeehauses der deutsch-jüdischen Dichter, Journalisten und Intellektuellen in der Hybern-Gasse, war damit endgültig vergangen. Prag war ärmer geworden. Im Jahr 1945 wurden auf eine beschämend grausame Art und Weise die letzten Deutschen aus Prag vertrieben. Die Tschechen haben die Deutschen in Prag nie gemocht, aber sie gehörten doch seit acht Jahrhunderten in diese Stadt. Und als sie gegangen waren, war die Stadt noch ärmer geworden. Deutsch war für die Prager nie eine Fremdsprache, sondern nur eine andere Sprache gewesen.

Und welche Menschen waren das, diese deutsch sprechenden Prager? Sie waren in der Stadt zwar eine feine und reiche, aber dennoch eine Minderheit; trotzdem leisteten sie sich im Nostiz-Theater ein hervorragendes deutsches Schauspielhaus, sie errichteten eine deutsche Oper, sie finanzierten eine deutsche Philharmonie, gaben zwei hervorragende Tageszeitungen heraus, das «Prager Tagblatt» und die «Bohemia»; wenn ich richtig gezählt habe, gab es in Prag vor Hitlers Einmarsch zwölf deutsche Verlage. Das Adjektiv «deutsch» im Zusammenhang mit Prag verwende ich, ohne die Deutschen kränken zu wollen, mit einem gewissen Vorbehalt; mehr als die Hälfte der deutschsprachigen Bevölkerung Prags waren seit Jahrhunderten Juden. War also Prag eine deutsche Stadt?

ls im Februar 1948 die Kommunisten in Prag an die Macht kamen, waren auch die Stunden der tschechischen Gesellschaft gezählt. 40 Jahre, mit Ausnahme der acht Monate des Prager Frühlings 1968, war Prag zwar noch immer eine großartige Kulisse, vor der aber entweder ein grausames, klassenkämpferisches oder ein langweiliges Spiel ohne Witz und ohne Geist aufgeführt wurde. Die Hauptdarsteller fehlten in diesem so widersprüchlichen, ja manchmal unglückseligen, seit Jahrhunderten auf drei Prager Bühnen von der Geschichte inszenierten Drama mit ironischem Beigeschmack: Die Juden, die Deutschen und auch die Träger der tschechischen Gesellschaft. Der Aderlaß war eben zu groß, Prag blutete in den Jahren von 1939 bis 1968, also in nicht ganz 30 Jahren, intellektuell fünfmal aus: Die Stadt verlor ihre deutschsprachigen Eliten, die Juden und die große Prager deutsche Literatur; im Zweiten Weltkrieg haben die Nazis vor allem die tschechische Intelligenz dezimiert, vergast und hingerichtet; im Frühling 1945 gingen die Deutschen, drei Jahre später, im Februar 1948, liquidierten die Kommunisten die demokratischen Tschechen, und nach dem Scheitern des Prager Frühlings 1968 wurde die gesamte tschechische Gesellschaft für weitere 20 Jahre wortwörtlich lahmgelegt, geistig und auch physisch vergewaltigt. Das kulturelle Leben der Stadt wurde von allen sogenannten antisozialistischen Elementen gesäubert. Der freie tschechische Geist, die wahre Literatur, Kunst und Wissenschaft, konnten in Prag bis zum Sieg der sanften Revolution im Herbst 1989 nur im Untergrund oder im Exil überleben.

Prag hat sich von den Umwälzungen, Umstürzen, von zwei Okkupationen durch fremde Armeen, von seinen lähmenden Illusionen, von seinen Hoffnungen, die nie wirklich in Erfüllung gingen, und von zahlreichen ideologischen Gehirnwäschen, die die Stadt von 1939 bis 1989 erleben und über sich ergehen lassen mußte, noch nicht erholt. Die Kulisse ist farbiger geworden, seit Václav Havel – von 1970 bis Herbst 1989 in Prag ein verbotener Bürger und Dichter – als Staatspräsident der erneuerten Demokratie auf der Prager Burg residiert. Aber ein Blick hinter die aufgeputzten Fassaden der Altstadt und der Kleinseite läßt auch einen Fremden in Prag das Ausmaß der Katastrophe erahnen, die diese Stadt in der Zeit der vierzigjährigen kommunistischen Herrschaft betroffen hat. Im Sommer 1990 sprach ich mit dem damaligen Prager Oberbürgermeister Jan Kořán und fragte ihn: «Wann wird die Gemeinde Prag endlich die Restaurierung der zum Teil schon verfallenen Kleinseite in Angriff nehmen?» Der Oberbürgermeister, 1970–1989 ebenfalls ein verbotener Dichter und Übersetzer, schaute mich nur traurig an und erwiderte: «Wir haben nicht einmal genug Geld, um die Kleinseite vor dem weiteren Verfall zu retten.»

Prag hat dennoch wieder eine Zukunft. Die Stadt kehrt nach einem halben Jahrhundert der Abwesenheit nach Westeuropa zurück. Prag wird nun von Europa neu entdeckt – und all die Westeuropäer, die zum erstenmal in die Stadt kommen, erleben hier ein seltsames Gefühl: Einige hundert Kilometer östlich von Frankfurt, von Paris, Mailand, Florenz, von Rom, weniger von Wien entfernt, befinden sie sich mitten in der westeuropäischen Geschichte. Prof. Dr. hc. Heinz Friedrich, der Präsident der Bayerischen Akademie der Schönen Künste in München, äußerte nach seinem ersten Prag-Besuch im Herbst 1991: «Prag ist weder eine deutsche noch eine tschechische, sondern eine europäische Stadt.»

ie soll ein Westler Prag entdecken? Am besten überhaupt nicht – aber falls Sie darauf bestehen, dann lassen Sie sich durch den historischen Kern der Altstadt, der Kleinseite und des Hradschin dorthin locken, wo auch Sie das Labyrinth von abgebröckelten oder auch aufgeputzten Fassaden, von verträumten winkligen Gassen, von Lauben und von unheimlichen Palästen mit ihren eigenen Geschichten erwartet. Es hat keinen Sinn, Prag Widerstand zu leisten. Diese Stadt blieb immer stärker als all die Fremden, die glaubten, sich ihrer bemächtigt zu haben.

Einmal, aber das liegt schon fast ein halbes Jahrhundert zurück, fragte ich meinen Freund – einen Grafen, den ich später in meinem Roman in den Grafen Belecredos umgetauft habe – nach der Beschaffenheit seiner Seele. Über seine Seele sagte mir mein Freund nichts. Nur einmal erzählte er mir, daß er sich seine Seele als eine Glaskugel vorstelle, mit kristallklarem Wasser gefüllt, in der goldene, gelbe und rote Zierfische ruhig und fast ohne sich zu bewegen schwimmen und ihn anglotzen. Ein ganzes Leben lang, sagte er, trage er die Glaskugel mit ausgestreckten Armen vor sich her. Seine Aufgabe sei es, behauptete er für meinen Geschmack zu überschwenglich, diese Glaskugel durch die schludrig gepflasterten, feuchten und finstern Prager Gassen, vorbei an verzauberten Häusern, irgendwohin zu tragen, ohne sich dabei in der Stadt ganz zu verlieren oder sich aufzugeben.

Immer, wenn ich heute durch die Gassen der Altstadt oder der Kleinseite gehe, sehe ich die Glaskugel meines Freundes, der für mich Nicolaus Graf Belecredos heißt, in Kopfhöhe vor meinen Augen schweben; ich lasse mich von ihr führen. Das ist die einzig richtige Art, Prag zu entdecken: Nicht dem Stadtplan zu folgen, nicht den Reiseführern zu vertrauen, sondern auf eigene Faust und auf eigenes Risiko diese Stadt, ihren sanften Zauber und auch ihre Krallen zu erfahren.

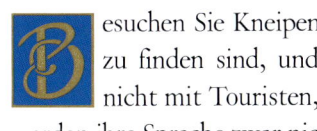esuchen Sie Kneipen, die nicht in Ihrem Reiseführer zu finden sind, und trinken Sie Ihr Bier am Tisch nicht mit Touristen, sondern mit echten Pragern. Sie werden ihre Sprache zwar nicht verstehen, aber auch ohne das kommen Sie ganz schnell in ein hochinteressantes Gespräch. In Prag versteht man sich auch dann, wenn man des Tschechischen nicht mächtig ist; die Sprache ist, wie schon einmal gesagt, für einen Prager Europäer keine Fremdsprache, sondern nur eine andere Sprache. Erst in Prag werden Sie begreifen, daß es außerhalb der Sprachen noch unzählige Möglichkeiten gibt, sich zu verständigen und zu verstehen.

«Tja, wenn Sie in der Sprache die einzige Möglichkeit sehen, sich zu verständigen, dann werden wir es heute und in der Zukunft sehr schwer haben, miteinander auszukommen», sagte ein melancholischer schweigsamer Prager Biertrinker einem eifrigen bundesdeutschen Touristen, der ganz unbedingt reden wollte. Und als ein österreichischer Tourist zwei Prager Polizisten in fünf Sprachen nach dem Weg zum Hauptbahnhof fragte, sagte der ältere Polizist: «Sehen Sie, Kollege, so ist einmal das Leben. Fünf Sprachen hat der Mann gesprochen, und es hat ihm trotzdem nichts genutzt.»

Und vergessen Sie nicht, sich auf dem Kreuzherrenplatz auf den verzauberten Stein zu stellen, von dem aus der sagenumwobene, allerdings in der realen Geschichte nicht existierende Blinde Jüngling von Prag seinem Kaiser die Zukunft Böhmens prophezeite. Die Sache mit dem Stein hat jedoch einen Haken: Niemand weiß, welcher der zahlreichen Pflastersteine auf dem Kreuzherrenplatz vor der Statue des Königs und Kaisers Karl IV. der richtige ist, aber jeder Prager weiß Bescheid.

Vor Jahrhunderten lag dieser Stein an dem Weg, der von Westen her nach Böhmen führte. Kaiser Karl IV. unternahm einst eine Reise von Regensburg nach Prag, und als seine Kutsche am frühen Vormittag aus den vernebelten Wäldern des Böhmerwaldes in die sonnenüberflutete Ebene Südböhmens hinunterfuhr, sah er neben dem Weg auf einem Granitblock von graurotbrauner Färbung einen Jüngling stehen, der ausrief: «Gegrüßt sei mein Kaiser!»

Ein Weibsbild fiel vor der Kutsche auf die Knie in den Straßenstaub und schrie laut: «Hör ihm nicht zu, Herr! Er ist blind und schwätzt nur hirnverbranntes Zeug! Er sieht auch das, was andere nicht zu sehen bekommen, und er hört, Herr, Stimmen aus dem Jenseits! Herr, vergib ihm, denn er weiß nicht, was er tut!»

«Bist du tatsächlich blind?», fragte der Kaiser.

«Ja, ich bin blind, aber ich sehe, daß du der Kaiser bist!»

«Und was siehst du noch, und was hörst du, besonders aus den Zeiten vor uns?»

«Ich sehe», so der Jüngling auf dem Stein, «auch das unglückselige Schicksal deines Reiches, und ich höre die Zukunft deutlich sprechen.»

«Schweig lieber, und komm mit mir nach Prag!»

«Ich folge dir, mein Kaiser», antwortete der Jüngling, «doch gewähre mir einen Wunsch! Laß auch den Stein, auf dem ich stehe, nach Prag bringen!»

So geschah es.

Und immer, wenn der Blinde Jüngling von Prag, so nannte man ihn, sich auf diesen Stein stellte und seine dünnen, rötlich behaarten Arme zum Himmel erhob, sah er vor seinen erstorbenen pechschwarzen Augen all das, was andere nicht sehen konnten, und er hörte auch die große Stadt selbst sprechen.

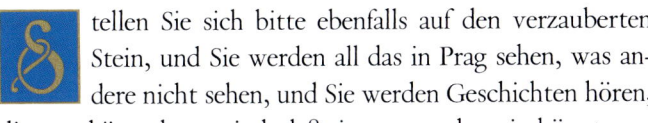tellen Sie sich bitte ebenfalls auf den verzauberten Stein, und Sie werden all das in Prag sehen, was andere nicht sehen, und Sie werden Geschichten hören, die so schön gelogen sind, daß sie sogar wahr sein könnten.

Wenn ich auf diesem verzauberten Stein stehe, fällt mir immer ein Gedicht des tschechischen Dichters und Nobelpreisträgers Jaroslav Seifert ein. Ich habe es für Sie übersetzt:

Ein Blinder, der plötzlich sah,
preßte eine Blüte an seinen Mund.
Ein Taubstummer hörte ganz nah
Glocken läuten und gab das Wunder kund.
Mit den zehn Geboten vom Vater
wacht der Schläfer ängstlich an seiner Küste.
Die Rauchfahnen steigen noch immer aus dem Krater
und verwandeln Prag immer wieder in eine Wüste.

Blick vom Hradschin auf die Kleinseite

Auf der Kleinseite

Die Karlsbrücke, im Hintergrund der Hradschin

Der Hradschiner Platz

Kämpfender Gigant auf dem Hradschiner Platz

Der erste Burghof im westlichen Eingangsbereich

Die Georgskirche

Die Baronin von Herzogenberg schreibt in ihrem Buch über Prag:

«In der Georgskirche umfängt uns eine klare Architektur, fast ist es, als stünde man gar nicht in Prag, so stark ist die Verwandtschaft zu mitteldeutschen Räumen jener Zeit, etwa zu St. Cyriakus in Gernrode; in Böhmen finden wir kaum Vergleiche.»

Die Georgskirche ist eng mit der Geschichte der Přemysliden verbunden: Die Kirche hat Fürst Wratislav (gest. 925) gestiftet, ohne zu wissen, daß hier seine Tochter, die im Jahr 921 von ihrer Verwandten Drahomíra erdrosselte hl. Ludmila, ruhen würde. In die Georgskirche wurde der Leichnam jedoch erst von Ludmilas Enkel, dem hl. Wenzel, Sohn der Mörderin Drahomíra, überführt. Schade, daß die Tschechen keinen Shakespeare haben . . .

Portal der Georgskirche

Der St.-Veits-Dom

Portal des St.-Veits-Doms

Kreuzigungsszene an der Westfassade

Die Ermordung des Herzogs Wenzel

Das Kreuzgewölbe des Domes

Im gotischen St.-Veits-Dom

Rosette über dem Westportal

Wasserspeier am Portal des St.-Veits-Doms

Die Pestsäule auf dem Kleinseitner Ring

Blick auf den St.-Veits-Dom

Haus Nr. 22 – hier wohnte Franz Kafka

Das goldene Gäßchen

Was wird über die Goldmachergasse alles erzählt! Hier hätten Alchimisten, die Kaiser Rudolf II. nach Prag geholt hatte, das Lebenselixier gebraut, den Stein der Weisen gefunden und aus Eisen Gold hergestellt. Nichts davon stimmt. Die Wirklichkeit ist sachlicher: Hier haben seit 1597 die Schützen der Burgwache und einige Goldschmiede gewohnt. Auch Schriftsteller haben das Gäßchen und seine Geheimnisse geliebt. Franz Kafka hat hier einige Zeit gewohnt; Gustav Meyrink erwähnt im Roman «Golem» folgende Geschichte über das Goldmachergäßchen:

«Es geht nämlich eine alte Sage, daß dort oben in der Alchimistengasse ein Haus steht, das nur bei Nebel sichtbar wird, und auch bloß ‹Sonntagskindern›. Man nennt es die ‹Mauer zur letzten Laterne›. Wer bei Tag hinaufgeht, sieht dort nur einen großen, grauen Stein – dahinter stürzt es jäh ab in die Tiefe, in den Hirschgraben und Sie können von Glück sagen, Pernath, daß Sie keinen Schritt weiter gemacht haben: Sie wären unfehlbar hinuntergefallen und hätten sämtliche Knochen gebrochen. Unter dem Stein, heißt es, ruht ein riesiger Schatz, und er soll von dem Orden der ‹Asiatischen Brüder›, die angeblich Prag gegründet haben, als Grundstein für ein Haus gelegt worden sein, das dereinst am Ende der Tage ein Mensch bewohnen wird – besser gesagt ein Hermaphrodit –, ein Geschöpf, das sich aus Mann und Weib zusammensetzt. Und der wird das Bild eines Hasen im Wappen tragen – nur nebenbei:

Der Hase war das Symbol des Osiris, und daher stammt wohl die Sitte mit dem Osterhasen.

Bis die Zeit gekommen ist, heißt es, hält Methusalem in eigener Person Wache an dem Ort, damit Satan nicht den Stein beflattert und einen Sohn mit ihm zeugt: den sogenannten Armilos. – Haben Sie noch nie von diesem Armilos erzählen hören? Sogar wie er aussehen würde, weiß man – das heißt, die alten Rabbiner wissen es –, wenn er auf die Welt käme: Haare aus Gold würde er haben, rückwärts zum Schopf gebunden, dann: zwei Scheitel, sichelförmige Augen und Arme bis herunter zu den Füßen.»

In der Jesuitenkirche St. Niklas ließ Paul Claudel in seinem Theaterstück «Der seidene Schuh» Doña Musica, die Gemahlin des Vizekönigs, die ein Kind erwartet, beten:

«Mein Gott, der du heute bist!

Mein Gott, der du morgen sein wirst, ich gebe dir mein Kind!

Was ist noch die gegenwärtige Zeit, wenn innen in mir mein Kind Gestalt gewann?

Das schmerzlich Wirre von heute hat sein Gewicht verloren, weil mit ihm schon das andere anhebt und weil es einen Morgen gibt, weil das Leben weitergeht, weil Gottes Hand sich immer weiter regt und mit uns auf die Ewigkeit schreibt in kurzen und langen Zeilen, bis zum Beistrich, bis zum unmerklichsten Punkt, das Buch, das seinen Sinn erhält, wenn es zu Ende sein wird.

Mach, mein Gott, daß dieses Kind in mir, das ich in diese Mitte Europas pflanze, ein Schöpfer von Musik sei und daß seine Freude allen lauschenden Seelen zum Ort der Begegnung werde.»

Paul Claudel nahm sich die Freiheit, Länder und Zeiten ein wenig zu verschieben, so läßt er Doña Musica in der St.-Niklas-Kirche «einige

Zeit nach der Schlacht am Weißen Berge», die am 8. November 1620 vor den Toren Prags stattfand, beten. In der St.-Niklas-Kirche konnte aber noch mehr als hundert Jahre nach der Schlacht niemand beten, denn erst in den Jahren 1737 bis 1752 vollendete Kilian Ignaz Dientzenhofer den Bau des Chores und der Kuppel. Johanna Baronin von Herzogenberg berichtet: «Am 9. Dezember 1791 war die Nachricht aus Wien angekommen, daß Mozart am 5. Dezember gestorben war. Hier in Prag, wo er so glücklich gewesen war, wo er ausgerufen hat ‹Ja, meine Prager verstehen mich›, wo die ruhmreiche Premiere des ‹Don Giovanni› stattfand, da versammelten sich zahlreiche Musiker und hundertzwanzig Sänger, und sie sangen ihm – hier in St.-Niklas – am 14. Dezember 1791 mit wehmütigem Eifer das erste Requiem.»

Die St.-Niklas-Kirche auf der Kleinseite

Blick von der Zeltnergasse auf die St.-Niklas-Kirche

Das Südportal der barocken St.-Niklas-Kirche

Detail des Südportals

Die St.-Niklas-Kirche vor dem Laurenzi-Berg

Fassade in der Nerudova

Auf der Kampa

Der «Teufelsbach» und die Kampa-Insel

Die Kleinseite

Restauranteingang in der Nerudova

Eine Gasse auf der Kleinseite

Es gibt in Prag hervorragende, weltberühmte Bierkneipen. Alle haben nur einen Fehler: Die Prager Biertrinker und Bierkenner haben diese in jedem Fremdenführer empfohlenen Bierkneipen schon längst «aufgegeben», «geräumt» und den Touristen überlassen. Wenn Sie in Prag richtig Bier trinken und mit den Pragern ins Gespräch kommen wollen, dann besuchen Sie eine von den unzähligen Bierkneipen, die Sie in Ihrem Fremdenführer nicht finden . . .

Blick vom Hradschin

Rast auf dem Burgberg

Umberto Decembrio, der Humanist aus der Lombardei, berichtet über Prag im Jahr 1399:

«Die Stadt ist schön gebaut, in der Mitte hat es wunderschöne Gassen, in welchen viele Handwerker tätig sind. Hier kannst du auch Hähne sehen, die teurer sind als feurige Pferde: Für dreißig goldene Münzen, manchmal auch für mehr, wird hier so ein Hahn verkauft.»

Aeneas Sylvicus Piccolomini, der spätere Papst Pius II., im Jahr 1458:

«Prag, ehrwürdiger Sitz von Königen und Bischöfen, ist nicht kleiner und nicht weniger schön als das etruskische Florenz.»

James McDonald, schottischer Schriftsteller, klagt 1882:

«*Auch wenn Prag wunderschön ist, möchte ich in Prag nicht leben. Der größte Teil der Stadt ist sehr ungesund, die Sterblichkeit ist die höchste in Europa; die Mieten sind zu teuer.*»

Auguste Rodin schwärmt 1902:

«*Prag ist eine der erhabensten Städte, die ich kenne. Hier bin ich in meinen Gedanken immer wieder nach Rom zurückgekehrt, in eine Stadt, die am meisten Prag ähnlich ist.*»

Oswald Wiener erzählt 1922:

«*Am 11. Mai 1889 las Detlev von Liliencron zum erstenmal in Prag aus seinem Werk. Seit jenem Tag liebte der Dichter diese Stadt. Sie überraschte ihn mit ihrer barocken Pracht und mit ihrer slawischen und deutschen Atmosphäre. Immer wieder ließ sich der Dichter von der Schönheit der Stadt hinreißen und rief pathetisch aus: ‹Prag ist viel schöner als mein geliebtes Palermo!› Zugleich gab er jedoch zu, Palermo niemals gesehen zu haben.*»

Die Neruda-Gasse auf der Kleinseite

Blick auf die Altstadt

Auf der Karlsbrücke

Die barocke «Heiligengalerie» der Karlsbrücke

Eine alte tschechische Chronik von 1393 erzählt:

«Vor vier Jahren wurden alle Prager Juden, die sich nicht taufen lassen wollten, zur Osterzeit verbrannt. Dann, 1393, wurde der berühmte Doktor Johann von Nepomuk auf Befehl des Königs Wenzel unter der Karlsbrücke ertränkt.»

Der heilige Franziskus Seraphinus

Figur des leidenden Christen

Ruhepause auf der Karlsbrücke

Ein Musikant

Kreuzherrenkirche, Altstädter Brückenturm, Turm des Smetana-Museums

Musizieren unter den Augen der Brückenheiligen

Die Türme der Teyn-Kirche

Das «Kafka-Fenster» der Teyn-Kirche

Hinter diesem Fenster, das zu der Wohnung in der Zeltnergasse Nr. 3 gehört, wohnte Franz Kafka. Von hier schaute er direkt in die Teyn-Kirche. Das ist die Tatsache, eine Legende erweitert sie: Wenn Kafka aus dem Fenster in die Kirche blickte, soll er den Ort gesehen haben, wo früher der Sarkophag mit dem Leichnam des zwölfjährigen Judenjungen Simon Abeles gestanden hat. Simon Abeles soll 1693 von seinem Vater getötet worden sein, weil der Junge zum katholischen Glauben übergetreten war.

«Der heimlich beigesezte Leichnam», berichtet der tschechische Schriftsteller Jiří Gruša, «sei bei der Exhumierung nach sechs Tagen von natürlicher Farbe, gänzlich unerstarrt, angenehm anzusehen gewesen. Der Vater des Jungen, soviel ist gewiß, erhängte sich an seinem Gebetsriemen in seiner Zelle im Rathaus der Altstadt.» Aber noch nach dem Tode wurde er auf barocke Weise hingerichtet: Der Leichnam des Sohnmörders wurde bis hinter das Stadttor gezerrt. Dort wurde ihm «das Herz aus dem Leibe herausgenommen und dem Juden ins Maul geschlagen, für die Unbarmherzigkeit mit eigenem Blut».

Der Alte jüdische Friedhof, angelegt im 15. Jahrhundert

Nur Grabsteine, nicht Gräber sind erhalten

Gedenksteine – Zeugen einer versunkenen Welt

Es gibt – leider – auch Touristen, die nach Kafkas Grab auf dem alten jüdischen Friedhof fragen. Dr. Franz Kafka liegt aber im jüdischen Teil des Prager Friedhofes im Stadtteil Olšany begraben. Mit der Prager Metro erreichen Sie vom Wenzelsplatz aus den Friedhof in Olšany in einer Viertelstunde.

Eine handgeschriebene Tafel zeigt den Weg zu Kafkas Grab. Der Friedhof ist still. Die Prager Juden, die hier begraben liegen, haben seit 1945 meist nur tote Verwandte, die in Ausschwitz und in den anderen Vernichtungslagern der Nazis ermordet wurden.

Kafkas Grab auf dem Friedhof in Prag-Olšany

Der Neue jüdische Friedhof

Die astronomische Uhr am Altstädter Rathausturm

Blick auf den Altstädter Ring

Das Altstädter Rathaus

Arkaden in der Pohořelec, Altstadt

In der Altstädter Kozna-Gasse

Ein musikalisches Erlebnis am Altstädter Ring

Aufspielen für das Publikum

Die Kozna-Gasse in der Altstadt

Die Prager Altstadt – beinahe unverändert

Handel in der Karlova, Altstadt

Markante Skyline der Altstadt

Ein echtes Prager Theater . . . Gebaut wurde dieses Theater in den Jahren 1781 bis 1783 von Anton Haffenecker im Auftrag der adeligen Familie Nostiz. Ein deutsches Nationaltheater sollte es werden, forderte Lessing. Aber es war nie nur ein deutsches, sondern ein echtes Prager Theater. Hier wurde italienisch gesungen, deutsch oder tschechisch, je nach Geschmack des Direktors, gesprochen. 1787 hat hier Mozart die Weltpremiere seines «Don Giovanni» erlebt, 1834 wurde im tschechischen Singspiel von J. K. Tyl «Fidlovačka» (einst ein Prager Frühlingsfest) die heutige tschechische Staatshymne «Kde domov muj» (zu deutsch «Wo meine Heimat ist») zum erstenmal gesungen. Inzwischen ist das ehemalige Nostiztheater, das später Ständetheater hieß, renoviert und trägt wieder den alten Namen Ständetheater.

Das Ständetheater, früher Nostiztheater

Fassaden der Masarykovo nábřezi, Altstadt

Das Prager Gemeindehaus, ein Prachtstück des tschechischen Jugendstils, wurde in den Jahren 1906 bis 1911 erbaut. Alle bedeutenden tschechischen Künstler von Alfons Mucha über Josef Václav Myslbek, Max Švabinský, Jan Preissler, Mikuláš Aleš bis zu František Ženíšek haben das Haus innen und außen mit ihren Werken geschmückt.

Der Platz für den Bau eines repräsentativen Gemeindehauses wurde von den Prager Stadtvätern gut gewählt: Hier stand seit dem Ende des 14. Jahrhunderts der Königshof, das Prager Domizil der tschechischen Könige. Hier wohnte auch Jiří von Poděbrad, seit 1458 König. Und von hier rief der tschechische König die Völker Europas zu einer friedlichen Regelung ihrer Beziehungen auf; dieser Aufruf wird heute als der erste Schritt zur Gründung der UNO bewertet.

Die Kuppel des prächtigen Gemeindehauses

Prager Caféhaus-Atmosphäre im Gemeindehaus

Glasdach der Einkaufspassage in der Štěpánská

Anfang des 20. Jahrhunderts war der Jugendstil in Prag äußerst beliebt. Auch ihren Hauptbahnhof ließen sich die Prager in den Jahren 1901 bis 1909 von dem berühmten Architekten Josef Fanta bauen. Seit dem Umbau des Hauptbahnhofs in den siebziger Jahren ist es jedoch mit der Jugendstilherrlichkeit vorbei. Der einst so schöne Blick auf das großartige Portal aus der Vrchlický-Parkanlage vor dem Bahnhof ist nicht mehr möglich; er wurde durch das neue Bahnhofsgebäude und durch die sechsspurige Schnellstraße, die Prags Stadtmitte auf eine grausame Art und Weise zerschneidet, verbaut.

Und warum wurde Prag in der Zeit der kommunistischen Herrschaft durch eine Schnellstraße auf Betonpfeilern zerschnitten? Die Militärs und die Polizei wollten, falls es in Prag wieder zu einem Aufstand kommen sollte, mit ihren Panzern schnell in die Stadtmitte und vor allem auf den Wenzelsplatz gelangen, wo seit dem 19. Jahrhundert alle tschechischen Umstürze und Revolutionen ihren Anfang nahmen. Auch Havels sanfte Revolution im Herbst 1989 begann auf dem Wenzelsplatz. Der schnelle Weg in die Stadtmitte stand zwar den Panzern offen, aber die Panzer blieben diesmal in den Kasernen, das kommunistische Regime war am Ende und erschöpft.

Der Hauptbahnhof, ein Juwel des Jugendstils

Detail des Bahnhofsportals

Die kubistische Eckvilla in der Altstadt

Das Haus «Bei der schwarzen Mutter Gottes» in der Zeltnergasse mit seiner kubistischen Fassade wurde 1912 vom Architekten Josef Gočár gebaut, dem wichtigsten Vertreter der modernen tschechischen Architektur zwischen den beiden Weltkriegen.

Das Jan-Hus-Denkmal am Altstädter Ring

Das Jan-Hus-Denkmal auf dem Altstädter Ring wurde im Jahr 1915, fünfhundert Jahre nach dem Tod des Reformers in Konstanz, errichtet. In der Nähe des Hus-Denkmals stand damals die Prager Pestsäule. Am 8. November 1918, elf Tage nach der Gründung der Tschechoslowakischen Republik und 298 Jahre nach der Schlacht am Weißen Berg, haben die Prager Anarchisten unter der Führung von Franta Sauer die Pestsäule niedergerissen und zerstört. Den Anarchisten unterlief damals ein Irrtum: Die Pestsäule war nicht als eine Erinnerung an die Niederlage der tschechischen protestantischen Stände in der Schlacht am Weißen Berg gebaut worden, sondern als Dank der Prager Bevölkerung für das Ende der Pestseuche, die im Jahr 1714 die Stadt heimgesucht hatte. Die Legende erzählt die Geschichte der zerstörten Pestsäule weiter: Alle Anarchisten, die am Vandalismus beteiligt waren, sind noch im gleichen Jahr gestorben.

Der Wenzelsplatz – ein Schauplatz der Geschichte

Im Juni 1991 auf dem Wenzelsplatz

Gedenken an die Opfer der Willkürherrschaft

Auf dem Wenzelsplatz

Drei Grazien auf dem Dach des Hotels Europa

Das berühmte Café Europa am Wenzelsplatz

Prachtfassaden am Graben

Turm des Nationalmuseums am Wenzelsplatz

Das Wohnhaus Václav Havels

Dem tschechischen Staatspräsidenten steht in der Nähe der Prager Burg als Wohnsitz eine Villa zur Verfügung. Václav Havel ist aber, als er Ende des Jahres 1989 zum Präsidenten der ČSFR gewählt wurde, nicht umgezogen. Er behielt seine Wohnung im Haus am Moldaukai, Rašínovo nábřeží 78, bei.

Petr Kabeš
ABENDE UNTER
DER PRAGER STATUE

Entsinne dich:
aller statuen anfang
war Lots weib –
sich umdrehn
und zu salz erstarren . . .

Und wenn trotzdem,
entsinne dich,
wenn trotzdem
auch den lebenden metall durch die adern strömt
für künftige statuen –

wir sind noch immer in den mauern
der angezündeten städte.

Der abend sickert mit blauem blut,
weil er von nächten weiß, erhaben
und in zinn getrieben,
als die wände von honig troffen,
vom honig der gebete und halbwahrheiten,
die wir nicht erlebten,

die aber der abend und eine schar seiner söhne
im blut haben –

abende, die sich die pulsadern öffnen,
wenn sich die pechkränze wieder entzünden
und auf den mauern
der hohepriester betet . . .

Entsinne dich,
und im haus des erhängten
frag nach dem strick,
wenn sich noch immer
im geerbten herbarium
die blume WIEDERKEHR findet . . .

Nachdichtung von Reiner Kunze

Der Lyriker Petr Kabeš

Die Schriftstellerin Jindříška Smetanová

Jindříška Smetanová
VERÄNDERUNGEN
IM KOLORIT

ls im Herbst 1989 das Getöse des zusammenstürzenden Ostblocks zwischen Berliner Mauer und Ural nahezu in ganz Europa mit bloßem Ohr zu vernehmen war, wogte durch die Straßen Prags auch unsere samtene Revolution. Ausgerüstet mit Blumen, mit klingenden Schlüsseln, voll beseelter Begeisterung und Chorgesang überwand die Menge die Mauern der Polizeischutzschilde, die Flut der Wasserwerfer und die drastischen Schläge der Gummiknüppel. Die kassierten Verletzungen waren häufig blutig, die Striemen beträchtlich, doch keineswegs tödlich.

Vermutlich hat die überraschende Leichtigkeit dieses Sieges dazu geführt, daß wir uns an dem Gefühl der Freiheit buchstäblich berauschten oder möglicherweise eher daran, wie wir uns die grenzenlose Freiheit törichterweise vorstellten. Daran muß ich jedesmal denken, wenn ich über die Karlsbrücke gehe. Über diesem architektonischen Juwel und der einmaligen Galerie barocker Skulpturen schwebte schon seit dem 18. Jahrhundert ein Kolorit, das es nirgendwo auf der Welt zu sehen gab. Der in Prag gebürtige Wenzel Hollar, Zeitgenosse Rembrandts und einer der berühmtesten europäischen Radierer seiner Zeit, hat es unzählige Male in Kupfer gestochen und gedruckt. Dank seiner haben wir heute die Möglichkeit, uns wenigstens in bedeutenden graphischen Sammlungen Europas an der lieblichen Szenerie zu ergötzen, die wir nun im Rahmen des wachsenden kommerziellen Tourismus in einen orientalischen Markt, einen Bazar voll von sowjetischen Uniformstücken und eine erbärmlich ausgeführte Illusion des Montmartre verwandelt haben.

Erst kürzlich ging ich dort entlang, und mir kam in den Sinn, wenn beispielsweise die Stadt New York ein solches Juwel besäße, würde man es möglicherweise unter Glas setzen, so wie man vierzig schlanke Kokospalmen unter der Wölbung des Winter-Gartens setzte und sie inmitten der alltäglichen finanziellen Offensiven des Weltgeschäftszentrums mit einer beschaulichen Ruhezone umgab. Die dortigen Architekten haben einfach begriffen, daß zu den stärksten Erlebnissen der gegenwärtigen neurotischen Welt die stillen, kontemplativen Zonen gehören.

Fast konnte ich mitten in diesen Überlegungen nicht begreifen, warum gerade wir eine solche Degradierung des einstmaligen Königswegs zulassen, als mich in diesem Andrang von Menschen und Debilen ein guter Bekannter, ein finnischer Übersetzer und Bohemist, am Ärmel packte.

«Was machen denn Sie hier?» fragte ich.

«Ich staune . . .», verkündete er. «Ich staune einerseits darüber, was diese Brücke aushält, und zum anderen über das Bier. Seit meinem letzten Besuch hat sich der Bierpreis immerhin verfünffacht.»

«Ist Ihnen sonst noch etwas aufgefallen?»

Er verstummte für eine Weile wie ein Mensch, der zuerst finnisch denkt und dann erst ins Tschechische übersetzt.

«Mir ist aufgefallen . . . daß bei Ihnen jetzt am beliebtesten . . . Papierwaren sind: Die deutsche Mark . . . das Flugticket nach Paris . . . und Pornohefte . . .»

Dann erklärte er mir, daß er in die Gaststätte «Zum Kater» eile, wo, wie er behauptete, ein Seminar über tschechische Literatur fortgesetzt werden sollte.

Ich selbst eilte entgegengesetzt auf das andere Ufer des Flusses, wo auf mich in einem typischen Prager Café ein israelischer Psychiater und Dramatiker wartete.

Auch ihm stellte ich die Frage, die sich auf die Veränderung des Kolorits dieser Stadt nach dem Jahr 1989 bezog.

«Die Straßen sind weit weniger grau und häßlich, das ja. Aber ansonsten seid Ihr reichlich nervös und lacht wenig . . .», bemerkte er und suchte inzwischen nach irgendetwas in seiner Jackentasche.

Schließlich zog er dann eine Portionstüte koffeinfreien Instantkaffee heraus. Dieser wird in den Prager Cafés bislang noch nicht geführt.

«Glauben Sie, daß ich mir eine Tasse warmes Wasser bestellen kann?»

Ich geriet in Verlegenheit. Die angesprochene Kellnerin hörte sich den Wunsch des Psychiaters mit einem Ausdruck von betrübtem Unverständnis an.

«Warmes Wasser servieren wir nicht, mein Herr.»

«Und wenn ich es als Tee bezahle?»

Sie reagierte nicht. So verlangte er also Tee als solchen. Sie nickte und brachte nach einer Weile ein Glas warmes Wasser. Das Teebeutelchen lag daneben auf der Untertasse.

«Warum wird der Tee bei Ihnen nicht direkt in der Küche mit kochendem Wasser aufgebrüht?» Der Psychiater konnte das nicht begreifen. Ich übrigens auch nicht. Dennoch versuchte ich eine Erklärung.

«Beurteilen Sie dies . . . sagen wir mal . . . als JUS PRIMAE NOCTIS, also das «Recht auf die erste Nacht». Unser Bürger hat gern die Gewißheit, daß er nachweisbar als erster das Beutelchen benützt.»

«Wäre das ansonsten nicht der Fall?»

«Vielleicht nicht. Vergessen Sie nicht, daß wir vierzig Jahre in Ungewißheit über alles und jedes lebten», machte ich ihn aufmerksam.

«Aha», setzte der Psychiater höflich hinzu. Dann erinnerte er sich, daß er für mich ein Geschenk habe, und reichte mir einen eigenartigen Anhänger mit der Bemerkung, dieses Ding schütze vor dem bösen Blick.

«Sie glauben an so was?» fragte ich interessiert.

«Ich habe Auschwitz überlebt . . . möglich ist alles.»

Als wir uns verabschiedeten, war es schon später Abend. Ich hielt vor dem Café ein Taxi an, setzte mich neben den Fahrer, und auf dem Nachhauseweg besah ich mir das Amulett, das Ähnlichkeit mit einem starr blickenden Auge hatte.

«Wozu soll das gut sein?» wollte der Fahrer wissen.

Als ich ihm sagte, es beschütze einen vor dem bösen Blick, schüttelte er den Kopf und lachte. Eigentlich bestätigte er damit, daß wir nicht so traurig sind, wie der Psychiater gemeint hatte. Die Fahrt endete vor unserem Haus auf einem kleinen, nur schlecht beleuchteten Platz.

«Könnten Sie bitte eine Weile warten, bis ich den dunklen Hof überquert habe? Ich fürchte mich nämlich», gestand ich. «Sobald ich die Eingangstür aufschließe, gebe ich Ihnen ein Zeichen und rufe Kuckuck, ja?»

«In Ordnung», sagte er zustimmend.

Als ich die Tür aufschloß, rief ich zur Sicherheit zweimal, damit der Taxifahrer mich nicht überhörte. Das Geräusch des abfahrenden Wagens war nicht gleich zu hören. Hinter seinem Steuer saß nämlich ein Mensch mit einer vielversprechenden Seele. Ehe er den ersten Gang einlegte, rief auch er, laut wie in den Wald hinein, Kuckuck, und das gleich dreimal . . .

Wenngleich zu dieser Zeit das Bier weiterhin fünfmal so teuer war wie früher, Kellnerinnen nicht vor Freundlichkeit übersprudelten und die deutsche Mark beständig zu den beliebten «Papierwaren» gehörte, beschenkte der Kuckuck rufende Taxifahrer diesen späten Abend mit etwas, das auch mich zum Lachen brachte. Schade, daß der israelische Psychiater nicht dabei war. Er hätte Zeuge sein können, daß wir nicht nur versuchen, fröhlicher zu sein, sondern überdies doch auch dann und wann wir selbst. Dies ist nicht viel, aber beginnen muß man irgendwie . . .

Aus dem Tschechischen von Marianne Pasetti-Swoboda

Ausgewählte Literatur

Arens, Detlev: Prag. Geschichte, Kultur und Kunst der «Goldenen Stadt». Kultur und Geschichte. DuMont Verlag, Köln 1991

Boesche-Zacharow, Tilly: Der Alte Jüdische Friedhof. Mit englischsprachigem Teil. Boesche, M u. N, Berlin 1989

Bondzio, Bodo/Feyfar, Petr: Prag. Bucher, C. J., München/Berlin 1990

Bourbon, Fabio/Neu, Elisabeth: Prag. Goldene Stadt im Herzen Europas und Kulturelles Juwel an der Moldau. Umschau Verlag, Frankfurt/Main 1992

Brecht, Bertolt: Das Lied von der Moldau, Gesammelte Werke, Suhrkamp Verlag, Frankfurt/Main 1967

Brod, Max/Kafka, Franz: Eine Freundschaft. Reiseaufzeichnungen. S. Fischer Verlag, Frankfurt/Main 1987

Burian, Jiří: Prager Burg und Kleinseite. Falken-Verlag, Niederhausen 1991

Čapek, Karel: Bilder aus der Heimat. Artia Verlag, Prag 1955

Cysarz, Herbert: Prag. Prag im deutschen Geistesleben. Zehn Jahre Prag. Age d'Homme, Wien 1989

Fehr, Götz/Neumeister, Werner: Prag. Geschichte, Kunst und Kultur der Stadt an der Moldau, Callwey Verlag, München o. J.

Filip, Ota: Café Slavia. S. Fischer Verlag, Frankfurt/ Main 1985

Frey, Alexander: Prag. Mit Schloß Troja, Brevnov und Burg Karlstein. Artemis Verlag, München 1991

Gruša, Jiří: Auf der Brücke zum Morgen. Prag – Die goldene Stadt der hundert Türme. Eulen-Verlag, Freiburg 1991

Herzogenberg, Johanna von: Prag. Ein Führer. Prestel Verlag, München 1990

Kafka, Franz: Sämtliche Erzählungen. S. Fischer Verlag, Frankfurt/ Main 1970

Kisch, Egon Erwin: Marktplatz der Sensationen. Aufbau Verlag, Berlin/Weimar o. J.

Kohout, Pavel/Neumann, Albert: Prag. Merian, München 1985

Krejči, M./Neubert, K.: Prag. Geschichte und Architektur. Dausien Verlag, Hanau 1983

Kühn, Christian: Das Schöne, das Wahre und das Richtige. Adolf Loos und das Haus Müller in Prag. Vieweg Verlag, 1989

Lorenz, Willy/Pirker, Herbert: Impressionen aus Prag. Pinguin Verlag, Innsbruck 1991

Lotar, Peter: Das Land, das ich Dir zeige. Pendo Verlag, Zürich 1985

Pařik, Jan/Binder, Hartmut: Kafka. Ein Leben in Prag. Text und Bilddokumentation. Mahnert Verlag, München 1982

Perutz, Leo: Nachts unter der Steinernen Brücke. Paul Zsolnay Verlag, Wien/Darmstadt 1988

Pleticha, Heinrich/Müller, Wolfgang: Unvergängliches Prag. Die Goldene Stadt in Geschichte und Gegenwart. Herder Verlag, Freiburg 1991

Poche, Emanuel von: Prag. Deutscher Kunstverlag, München 1979

J. & V. Porízka, Lubomir/Pesek, Jiří: Prag. Schroll, Wien 1991

Rohan, Bedřich: Kafka wohnte um die Ecke. Ein neuer Blick aufs alte Prag. Herder Verlag, Freiburg 1987

Schimmer, Carl August: Das Kaiserthum Österreich in seinen merkwürdigsten Stätten, Badeorten . . . dargestellt. Darmstadt 1838–42

Thomas, Karin: Tradition und Avantgarde in Prag. «Versuch in der Wahrheit zu leben . . .». DuMont Verlag, Köln 1991

Urzidil, Johannes/Jaenicke, Anselm: Prag – Glanz und Mystik einer Stadt. Scherpe Verlag, Krefeld o. J.

Urzidil, Johannes: Prager Triptychon. Verlag Albert Langen und Georg Müller, München 1975

Die Autoren

OTA FILIP, 1930 geboren, wirkte bis 1960 als Journalist in Prag, Plzeň und Ostrava. Seine «staatsfeindliche Gesinnung» brachte ihm jedoch Schreibverbot und Zwangsarbeit ein sowie – nachdem er 1968/69 noch einmal kurz als Verlagslektor tätig sein durfte – eine 14monatige Haftstrafe.

Filip, der seit seiner Ausbürgerung 1974 in München lebt, ist Mitglied des deutschen PEN-Zentrums und der Bayerischen Akademie der Schönen Künste.

Zu seinen bekanntesten Romanen zählen «Das Café an der Straße zum Friedhof» (1967), «Die Himmelfahrt des Lojzek Lapaček aus Schlesisch Ostrau» (1973), «Zweikämpfe» (1975), «Wallenstein und Lukretia» (1978), «Café Slavia» (1985) und «Die Sehnsucht nach Procida» (1988). Für sein Werk erhielt er u. a. 1967 den Preis für Literatur der CSFR, 1978 das Diplom de Maitrise, Ordre de Saint Fortunat, 1986 den Adalbert-von-Chamisso-Preis und 1991 den Andreas-Gryphius-Preis.

PETR KABEŠ, 1941 geboren, studierte zunächst Wirtschaftswissenschaften, wandte sich aber bald entschieden der Literatur zu und war ab 1966 Herausgeber der literarischen Monatsschrift «Sešity». Aufgrund seiner unangepaßten, dem sozialistischen Staat mißliebigen Haltung war er jedoch gezwungen, in der Zeit von 1969 bis 1989 seinen Lebensunterhalt als Hilfsarbeiter zu verdienen.

Petr Kabeš ist einer der wichtigsten modernen Lyriker der ČSFR; zu seinen Werken zählen die Bände «Lebenslinien» (1961), «Die barfüßigen Gärten» (1963), «Das Freilichtmuseum» sowie «Herz aus Stein» (beide 1977).

JINDŘÍŠKA SMETANOVÁ, 1923 geboren, kam 1945 nach Prag. Die vielseitige Schriftstellerin und Publizistin ist seit über 40 Jahren literarisch tätig; ihr Werk umfaßt auch Film- und Fernseh-Drehbücher wie zum Beispiel «Tresor» (1965) oder «Das Ende der großen Epoche» (1966).

Von 1970 bis 1989 gehörte Jindříška Smetanová zu den verbotenen Autoren der Tschechoslowakei. Erst heute können daher ihre liebevollen Betrachtungen über Prag und die Prager Kleinseite erscheinen.

MICHAEL SCHILHANSL wurde 1967 geboren. Der Wirtschaftswissenschaftler hat sich ganz der Fotografie zugewandt: Seine bevorzugten Objekte sind Menschen – Porträts und Akte –, aber auch Landschaften und vor allem Städte. Die Aufnahmen von Prag entstanden während mehrerer Reisen, die er, zum Teil gemeinsam mit Ota Filip, in die Stadt an der Moldau unternahm.

Inhalt

In der Reihe «Die bibliophilen Taschenbücher» sind u. a. folgende Bücher über bedeutende Metropolen Europas erschienen:

Erwin Fieger   SERVUS WIEN
220 Seiten, 95 Abbildungen in Farbe (Band 511)

Wien ist ein Phänomen, ist Kristallisationspunkt für historisch-sentimentale Reminiszenzen und gleichzeitig Treffpunkt für das funkelnde Leben der Beau Monde. Diese Stadt ist höchst lebendig – das zeigen die Fotos von Erwin Fieger.

Wolfgang Lauter   MÜNCHEN LEUCHTET
180 Seiten, 80 Abbildungen in Farbe (Band 555)

Ein Wort Thomas Manns gibt diesem Band den Titel, und die stimmungsvollen Bilder, in denen Wolfgang Lauter seine Heimat-stadt porträtiert, vermitteln eben jenen Reiz, den auch der junge Dichter aus dem Norden vor mehr als 90 Jahren beim Anblick dieser süddeutschen Metropole empfunden haben mag.

Johann Scheibner   LISSABON
151 Seiten, 81 Abbildungen in Farbe (Band 633)

In Lissabon sind Vergangenheit und Gegenwart lebendig. Steinerne Zeugen künden von der Blüte unter maurischer Herrschaft und von mittelalterlichem Glanz. Johann Scheibner fängt mit seiner Kamera die Faszination ein, die diese Stadt bis heute ausstrahlt; Texte Fernando Pessoas gewähren Einblick in die «Seele» Lissabons.

Den Gesamtkatalog erhalten Sie in jeder guten Buchhandlung oder direkt beim Verlag: Postfach 10 18 52/62, 4600 Dortmund 1.